Have a GOOD DAY

KLEINE MOTTOS FÜR DEINEN TAG

Hello
SUNSHINE

Ein neuer Tag liegt vor dir und wer weiß,
welche Chancen, Herausforderungen und
Glücksmomente heute auf dich warten …

Bevor du dich mit einem Frühstück stärkst oder
dich für die Arbeit fertig machst, nimm dir doch
einmal einen kurzen Moment Zeit nur für dich.
Blättere durch diese Sammlung inspirierender
Zitate und kleiner, feiner Gedanken und wähle
dir dein ganz persönliches Motto aus. So kannst
du jedem Tag eine bestimmte Richtung geben
und voller Inspiration und Power losstarten.

GANZ VIEL SPAß DABEI!

BEGINNE NICHT
MIT EINEM GROßEN
VORSATZ, SONDERN MIT
EINER KLEINEN TAT.

Sprichwort

NO RISK, NO FUN!

GIB JEDEM TAG
die Chance,
DER SCHÖNSTE
deines Lebens zu werden.
Mark Twain

DAS LEBEN IST
KURZ UND DIE WELT
ist groß!

Nicht jeder
Tag kann
perfekt sein.
Aber es gibt
etwas Gutes
iN JEDEM TAG.

Der Blick in
DIE WEITE
hilft zuweilen,
dass man sich
auf das Nächste
besinnt.

Emil Baschnonga

Du bist
GUT SO, WIE
DU BIST!

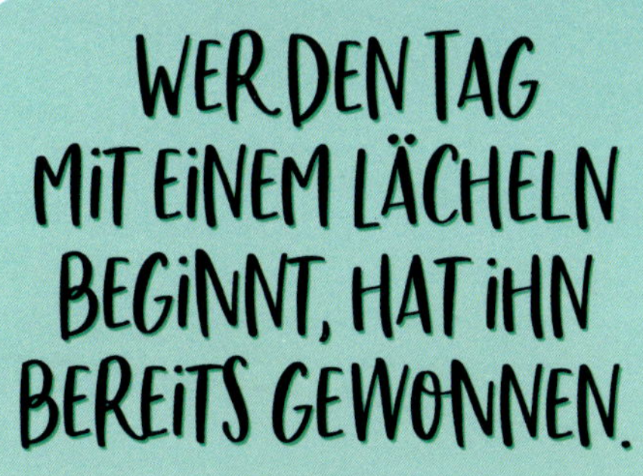

WER DEN TAG
MIT EINEM LÄCHELN
BEGINNT, HAT IHN
BEREITS GEWONNEN.
CICERO

Das einzige Mittel, Zeit zu haben,
ist: sich Zeit zu nehmen.

Bertha Eckstein

WAS DiCH
NiCHT GLÜCKLiCH
MACHT, KANN WEG!

Genieße
DEN MOMENT,
BEVOR ER ZUR
Erinnerung
wird.

Frage dich nicht,
wer dich lässt.
Frage dich, wer dich
aufhalten sollte.

Manche Probleme
lösen sich
VON ALLEIN,
wenn ein neuer
Tag beginnt.

Man wird des Guten und
auch des Besten, wenn es
ALLTÄGLICH
zu sein beginnt, bald satt.

Gotthold Ephraim Lessing

Deine Vergangenheit hatte ihre Chancen – jetzt kommt es auf die Möglichkeiten deiner Zukunft an!
Yvonne Mölleken

Tu, was du willst –
ABER NICHT, WEIL DU MUSST.
Buddha

Träume
BEGINNEN,
WO PLÄNE
ENDEN.

Die einzige
Konstante im
Universum ist die
VERÄNDERUNG.

Heraklit

Genau dieses
Leben ist
DAS SCHÖNSTE,
das du je
haben wirst!

DEINE
ZEIT WIRD
KOMMEN!

Es gibt Wichtigeres im Leben, als beständig dessen Geschwindigkeit zu erhöhen.

Mahatma Gandhi

WUNDER
beginnen immer dann,
wenn wir
unseren Träumen
mehr Energie geben
als unseren
Ängsten.

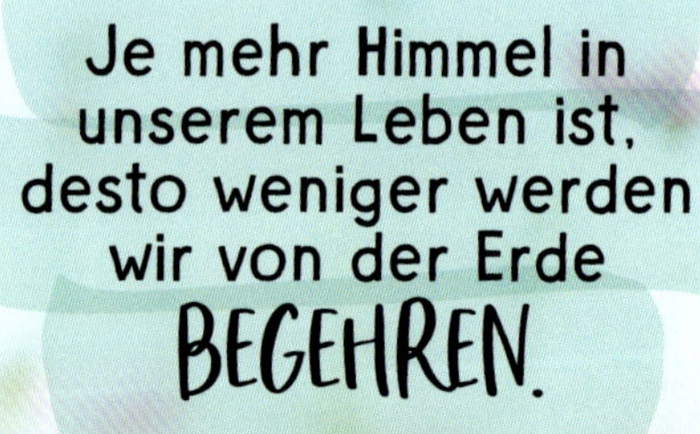

Je mehr Himmel in
unserem Leben ist,
desto weniger werden
wir von der Erde
BEGEHREN.

unbekannt

VOM Mond AUS BETRACHTET, SPIELEN MANCHE DiNGE KEINE GROßE ROLLE.

Trust THE
timiNG OF YOUR LifE.

DU BIST
EINZIGARTIG

Die größte Arbeit wird klein, wenn man sie in Stücke zerteilt und immer nur das Nächstliegende ins Auge fasst.

Carl Hilty

HÖR AUF DEIN
Herz.

Du kannst die Zukunft verändern mit dem, was du heute tust.

Freunde

AKZEPTIEREN DICH SO, WIE DU BIST.

Marilyn Monroe

Don't stress.
DO YOUR BEST.
FORGET THE REST.

Nichts geht
jemals vorbei,
bis es uns
GELEHRT HAT,
was wir
wissen müssen.

Pema Chödrön

Abenteuer sind nicht immer leicht zu bestehen, aber im Nachhinein sind sie die interessantesten Erinnerungen!

Yvonne Mölleken

DER SINN DES LEBENS
besteht nicht darin,
ein erfolgreicher Mensch
zu sein, sondern ein
wertvoller.

Albert Einstein

OLD WAYS
WON'T OPEN
NEW DOORS.

JEDER, DER SICH
DIE FÄHIGKEIT ERHÄLT,
SCHÖNES ZU ERKENNEN,
WIRD NIE ALT WERDEN.

Franz Kafka

JEDER

Wissende irrt
sich und jedes
edle Pferd
stolpert.

aus Arabien

Wie du über dich
selbst denkst, ist
VIEL WICHTIGER
als das, was andere
über dich denken.

Seneca

Don't call it
a dream.
Call it a plan.

Verwöhne
DEINE SEELE,
dann geht
es deinem
Körper gut.
Dagmar C. Walter

Am schönsten
SIND WIR, WENN WIR
NIEMANDEM GEFALLEN
WOLLEN.

Du bist heute
vielleicht noch nicht
am Ziel, aber schon
NÄHER DRAN
als gestern.

Jeder neue Tag
hat zwei Griffe.
Wir können ihn am Griff
der Ängstlichkeit
oder am Griff der
ZUVERSICHT
halten.

Henry Ward Beecher

WER EINEN ANDEREN
MENSCHEN KENNENLERNT,
LERNT ZUGLEICH
sich selber KENNEN.
Östliche Weisheit

THE BEST THINGS
IN LIFE
AREN'T THINGS.

Die Schönheit
iM HERZEN
eines Menschen ist
erhabener als
diejenige, die man
mit Augen
sehen kann.

Khalil Gibran

Forget all the reasons
why it won't work
and believe in
THE ONE REASON
why it will.

INSPIRE SOMEONE TODAY.

Irgendwie beginnt mit jedem Tag
ein neues Abenteuer, freue dich darauf.

Paul Hufnagel

SCHÖN, DASS ES
dich GIBT!

Musik an.
WELT AUS.

Familie ist, wo die Liebe
NiEMALS ENDET.

Man vergisst
so leicht, dass die
Welt voller
ÜBERRASCHUNGEN
ist.

Christopher Fry

Wenn du
nicht aufhören kannst,
DARAN ZU DENKEN,
hör nicht auf,
dafür zu kämpfen!

Alles nimmt ein gutes Ende für den, der warten kann.

Leo Tolstoi

BEEINDRUCKE
dich selbst!

Wenn wir
einen Menschen
glücklicher und heiterer
machen können,
so sollten wir es
in jedem Fall tun.

Hermann Hesse

Das Licht des neuen Morgens
legt sich auf deine Seele und im Herzen
geht für dich die Sonne auf.

Paul Hufnagel

Auch aus Steinen,
die uns in den
Weg gelegt werden,
kann man
ETWAS SCHÖNES
bauen.

Johann Wolfgang von Goethe

Es lohnt sich,
im Leben aus
dem Fenster
zu schauen.

Leon Arzberger

Manchmal
ist weniger
MEHR.

GIB
NIEMALS
AUF!

Anders zu sein bedeutet nicht, falsch zu sein.

Lieber im
MEER BADEN
als in Arbeit
schwimmen.

DER WEG VON DER ERDE ZU DEN Sternen IST NICHT EBEN.
Seneca

When nothing is sure,
EVERYTHING IS
POSSIBLE.

Glücklich ist, wer daran glaubt, dass es im Leben
nie zu spät ist, um neu zu beginnen.

Verbringe die
Zeit nicht mit der
Suche nach einem
Hindernis. Vielleicht
IST KEINES DA. 

Franz Kafka

Das Leben ist
wie Fahrrad fahren.
Um die Balance
zu halten, musst du
iN BEWEGUNG
bleiben.

Albert Einstein

Glaub
nicht alles,
WAS DU DENKST!

Sei gut
ZU DiR!

Kann man denn
nicht auch
LACHEND
sehr ernsthaft
sein?

Gotthold Ephraim Lessing

DU BRAUCHST NUR
ZU LIEBEN UND
ALLES IST FREUDE.
Leo Tolstoi

Wenn man immer nur tut, was sich gehört,
verpasst man den ganzen Spaß.

Katharine Hepburn

ALLES IST IN
UNS SELBST
VORHANDEN.
Mengzi

Das Gestern ist Geschichte. Das Morgen ein Rätsel.
Das Heute ein Geschenk.

Try to be
a rainbow
in someone
else's cloud.

Maya Angelou

Sensibel zu sein
ist keine Schwäche,
sondern eine
KOSTBARE STÄRKE.
Ernst Ferstl

ZWEIFELN IST SUCHEN, NICHT RATLOSIGKEIT.

Johann Heinrich Pestalozzi

Wenn die Tür
nicht aufgeht,
ist es vielleicht
NICHT DEINE.

Feiere
DEINE ECKEN
UND KANTEN!

Manchmal
flüstert das Glück
ganz leise:
„DU BIST DRAN."

Du allein
bist es, der
dem Alltag
FLÜGEL
verleihen
kann.
Dagmar C. Walter

Gehe mit
OFFENEN AUGEN
DURCH DEIN LEBEN.

Auch wenn alle
einer Meinung sind,
können alle
UNRECHT

haben.

Bertrand Russell

Positive Gedanken sind der beste Start
für die Reise auf die Sonnenseite des Lebens.
Jeremy A. White

WARUM NICHT MAL
aus der Reihe
TANZEN?

Wenn wir an
UNSERE STÄRKE
glauben,
so werden wir
täglich stärker.

Mahatma Gandhi

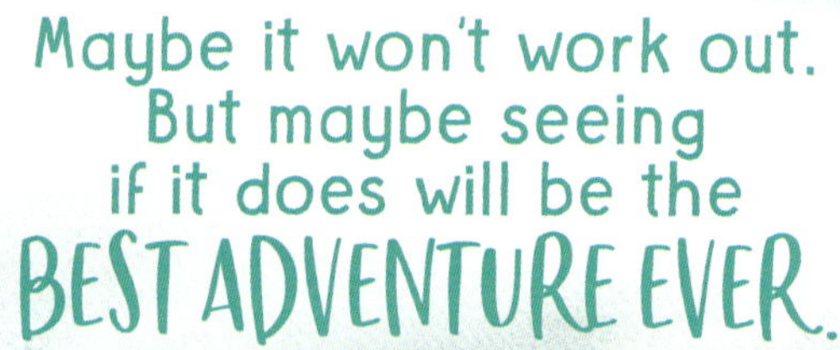

Maybe it won't work out.
But maybe seeing
if it does will be the
BEST ADVENTURE EVER.

ALL WE NEED
is love.

Glück ist,
NEU ANZUFANGEN.
Johanna Rückert

MEIN ZIEL

ist es, reich zu sein.
Reich an Abenteuern,
an Gesundheit,
an Lachen und an
Glücksmomenten.

DAS LEBEN IST
ZU KURZ FÜR
IRGENDWANN.

Nähe
ist keine Frage
der Entfernung.
Hermann Lahm

GEH LANGSAM UND DU FINDEST IMMER WIEDER *zu dir selbst.*

Arabisches Sprichwort

Das Leben ist bezaubernd, man muss es nur durch die richtige Brille ansehen.

Alexandre Dumas der Jüngere

Der Schwache
kann nicht verzeihen.
Verzeihen ist
eine Eigenschaft
DES STARKEN.

Mahatma Gandhi

EIN ERWACHSENER
ist ein Kind
MIT VERGANGENHEIT.

Tine Sander

The best is
YET TO COME!

Life doesn't have
to be perfect to be
WONDERFUL!

Ändere deine
Handlungsweise mit
der Zeit, nie aber
DEIN HERZ.
aus Japan

Tschakka,
DU SCHAFFST
DAS!

Große Dinge
beginnen oft
klitzeklein.

Wenn es deinen
iNNEREN FRiEDEN
kostet, ist es
zu teuer.

BE YOUR OWN
sunshine!

Niemand außer dir kann dich glücklich
oder unglücklich machen.

Martin Opitz

Man verliert niemals
SEINE STÄRKE.
Manchmal vergisst
man nur, dass man
SIE HAT.

Wer unersetzbar
sein will, muss
vor allem
ANDERS sein.

Coco Chanel

Das Leben ist nichts
als ein Weg, um
ETWAS ZU WERDEN.

Emil Gött

WENIGER ALLTAG.
Mehr
Staunen!

ES KOMMT NICHT
DARAUF AN,
wo du herkommst,
sondern, wohin dich
deine Füße tragen.

Die schönsten
Dinge passieren
unerwartet!

An einem offenen
Paradiesgärtchen geht
der Mensch gleichgültig
vorbei und wird erst
traurig, wenn es
VERSCHLOSSEN ist.
Gottfried Keller

Lebe für die Momente, die du nicht in Worte fassen kannst!

Dein Leben ist so bunt, wie du dich traust, es auszumalen.

MANCHMAL ENTSCHEIDET DER RICHTIGE ZEITPUNKT.

Es ist doch erstaunlich, was ein einziger Sonnenstrahl mit der Seele des Menschen machen kann.
Fjodor Dostojewski

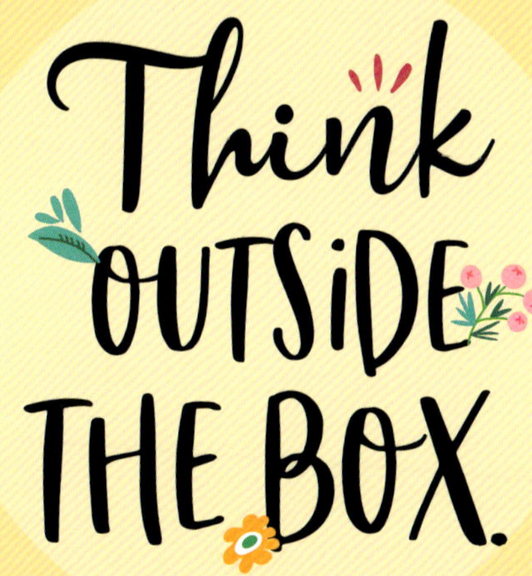

Think
OUTSIDE
THE BOX.

Wir sollten
jeden Tag wie ein
NEUES LEBEN
beginnen.

Edith Stein

Liebe,
WAS DU HAST.

DIE SONNE
SCHEINT FÜR DICH –
deinetwegen;
und wenn sie
müde wird, beginnt
der Mond und
dann werden die
Sterne angezündet.

Søren Kierkegaard

Einatmen.
Ausatmen. Sein.

Das Leben ist schön!
Von einfach war nie die Rede.

Heute mal ein paar Dinge auf die Was-soll's-Liste schreiben.

Mut ist nicht immer laut.
Manchmal ist er auch
DIE LEISE STIMME
am Abend, die sagt:
„Morgen versuche
ich es wieder."

Fallen und
WIEDERAUFSTEHEN,
das ist unsere Reise
auf dieser Erde.

Weisheit der Igbo

Träume
HABEN KEIN
VERFALLSDATUM.

FANG IMMER GLEICH HEUTE AN!

Mary Shelley

Neid sieht nur
das Blumenbeet,
nicht den Spaten.

TAKE A
BREAK!

Wer seinen
eigenen Weg geht,
dem wachsen
FLÜGEL.

Zen-Weisheit

Du darfst FEHLER MACHEN UND DARAUS LERNEN.

You were given
this life because you are
STRONG ENOUGH
TO LiVE iT.

Du lächelst
und die Welt
verändert sich.

Buddha

Wenn du in
den Seilen hängst,
dann
SCHAUKEL
erstmal ausgiebig.

Sobald einer in einer Sache Meister geworden ist,
sollte er in einer neuen Sache Schüler werden.
Gerhart Hauptmann

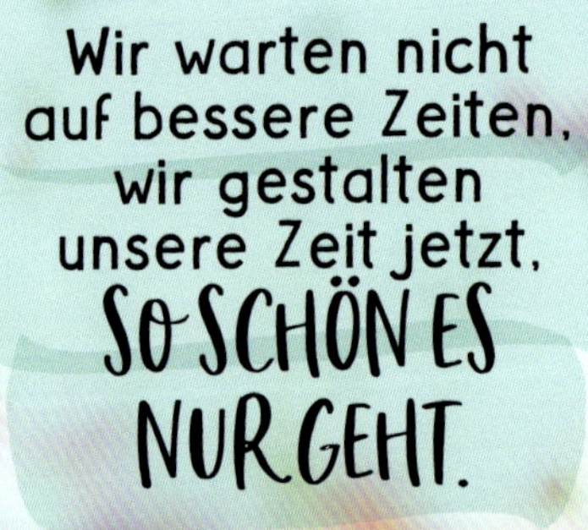

Wir warten nicht
auf bessere Zeiten,
wir gestalten
unsere Zeit jetzt,
SO SCHÖN ES
NUR GEHT.

Elfriede Engel

KEEP LIFE
SIMPLE.

Textnachweis: Wir danken allen Autoren bzw. deren Erben, die uns freundlicherweise die Erlaubnis zum Abdruck von Texten gegeben haben, sowie dem Suhrkamp Verlag für die Verwendung des Zitates von Hermann Hesse auf S. 60 aus Hermann Hesse, Das Glasperlenspiel. Versuch einer Lebensbeschreibung des Magister Ludi Josef Knecht samt Knechts hinterlassene Schriften, in: ders., Sämtliche Werke in 20 Bänden. Herausgegeben von Volker Michels. Band 5. © Suhrkamp Verlag Frankfurt am Main 2001. Alle Rechte bei und vorbehalten durch Suhrkamp Verlag Berlin.

Bildnachweis: Cover und Innenteil: Blümchen-Illus: Shutterstock/MarushaBelle; Kranzmuster: Shutterstock/juliadeep; Schrägstrichmuster: Shutterstock/Ms Moloko; Bildhintergrund Pusteblumen: Shutterstock/lola1960; Blumenfeld: Shutterstock/kacha somti; Berge: Getty Images/Moment/Fred Langer Photography; S. 4 und 7: Shutterstock/Iveta Angelova; S. 9: Getty Images/Moment/Karl Tapales; S. 11: Shutterstock/Miss_Meadows; S. 12: Getty Images/Westend61; S. 13: Shutterstock/mart; S. 15: Shutterstock/tgergo; S. 18: Shutterstock/Anna Shnaider; S. 19: Shutterstock/Romanova Ekaterina; S. 21: Getty Images/Moment/Anupong Sakoolchai; S. 24: Getty Images/Corbis/Huber & Starke; S. 27: Getty Images/iStock/Olga_Bonitas; S. 28: Getty Images/iStock/Ekaterina Romanova; S. 30: Shutterstock/Undrey; S. 31: Shutterstock/juliadeep; S. 32: Shutterstock/Iveta Angelova; S. 33: Shutterstock/Isaeka11; S. 34: Shutterstock/Alenka Karabanova; S. 36: Getty Images/Moment/Christoph Wagner; S. 39 und 44: Shutterstock/dinadankersdesign; S. 43: Getty Images/iStock/Susan Vineyard; S. 45: Getty Images/Moment/Boy_Anupong; S. 47: Shutterstock/Andriy Lipkan; S. 48: Shutterstock/Maaike Boot, S. 52: Shutterstock/Galyna Andrushko; S. 53: Shutterstock/solmariart; S. 55: Getty Images/Moment/Ilona Nagy; S. 59: Shutterstock/Tatiana Kuzmina; S. 61: Getty Images/iStock/JaCZhou; S. 64: Shutterstock/ampcool; S. 67: Getty Images/iStock/dvoevnore; S. 68: Shutterstock/sunshiny; S. 69: Getty Images/iStock/pkanchana; S. 70: Getty Images/EyeEm/Kimberley Lüthi; S. 76: Shutterstock/Asymme3; S. 77: Shutterstock/LStockStudio; S. 79: Getty Images/Moment/thethomsn; S. 81 und 92: Getty Images/Moment/Vicki Jauron, Babylon and Beyond Photography; S. 86: Getty Images/EyeEm/Hannes Kutza; S. 87: Shutterstock/Lena L; S. 89: Getty Images/E+/nycshooter; S. 90: Shutterstock/xnova; S. 91: Getty Images/500px Prime/Dennis Osipov; S. 93, 97, 98, 115: Getty Images/iStock/Ekaterina Romanova; S. 94: Getty Images/Moment/130920; S. 99: Getty Images/500px/Alexander Bogorodskiy; S. 103: Getty Images/Moment/Sergey Ryumin; S. 106: Shutterstock/Iveta Angelova; S. 108: Shutterstock/LaLoba; S. 109: Shutterstock/Pushish Images; S. 112: Shutterstock/Black Duck Style; S. 114: Getty Images/iStock/Povareshka; S. 118: Shutterstock/juliadeep; S. 120: Getty Images/EyeEm/Classen Rafael; S. 122: Getty Images/Moment/Sol de Zuasnabar Brebbia; S. 123: Shutterstock/xnova; S. 124: Getty Images/Moment/Chaiyun Damkaew; S. 126: Shutterstock/strelka; S. 130: Shutterstock/Yoko Design; S. 131: Shutterstock/RODINA OLENA; S. 132: Shutterstock/Romanova Ekaterina; S. 134: Getty Images/iStock/Hydromet; S. 136: Getty Images/iStock/borchee; S. 139: Shutterstock/donatas1205.

Layout: Dipl. Grafik Designerin Doris Wohofsky
Satz: Konstantin Wohofsky | wohofsky.net
Gesamtherstellung: Elma Printing & Finishing, Istanbul

Have a good day – Kleine Mottos für deinen Tag
GTIN 978-3-8485-2373-3
© 2019 Groh Verlag. Ein Imprint der Verlagsgruppe Droemer Knaur GmbH & Co. KG, München
www.groh.de